York Höller

Für Tamara

2013

Klavier solo

YORK HÖLLER

Für Tamara
für Klavier solo

(2013)

Zum 40. Geburtstag von Tamara Stefanovich, der das Stück gewidmet ist,
und zum 25-jährigen Jubiläum des Klavier-Festivals Ruhr.

www.boosey.com

BB 3361

ISMN 979-0-2025-3361-1
ISBN 978-3-7931-4010-8

Für Tamara

Zum 40. Geburtstag von Tamara Stefanovich, der das Stück gewidmet ist,
und zum 25-jährigen Jubiläum des Klavier-Festivals Ruhr.

York Höller

18
mf
legato
p

20
f

22
tr
pp

24
mp
legato
p

26
mf

p

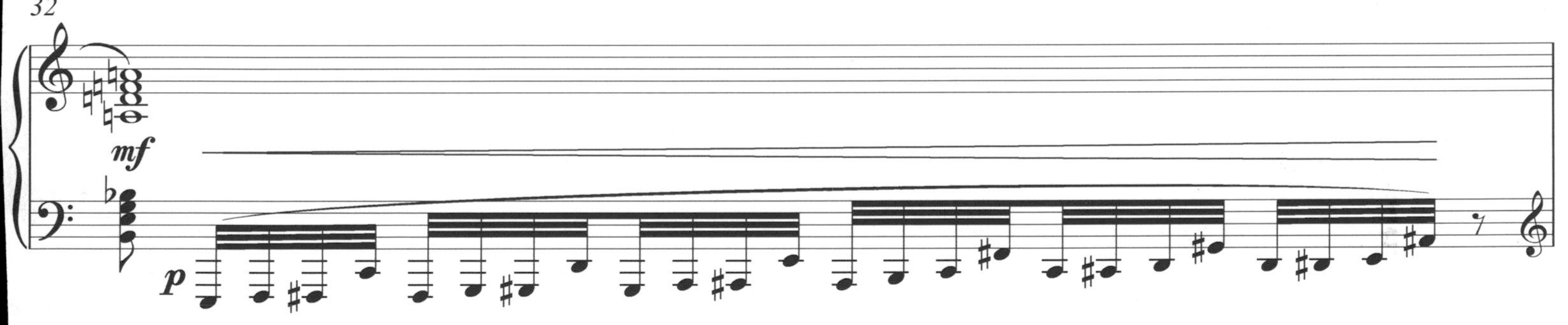
mf
p

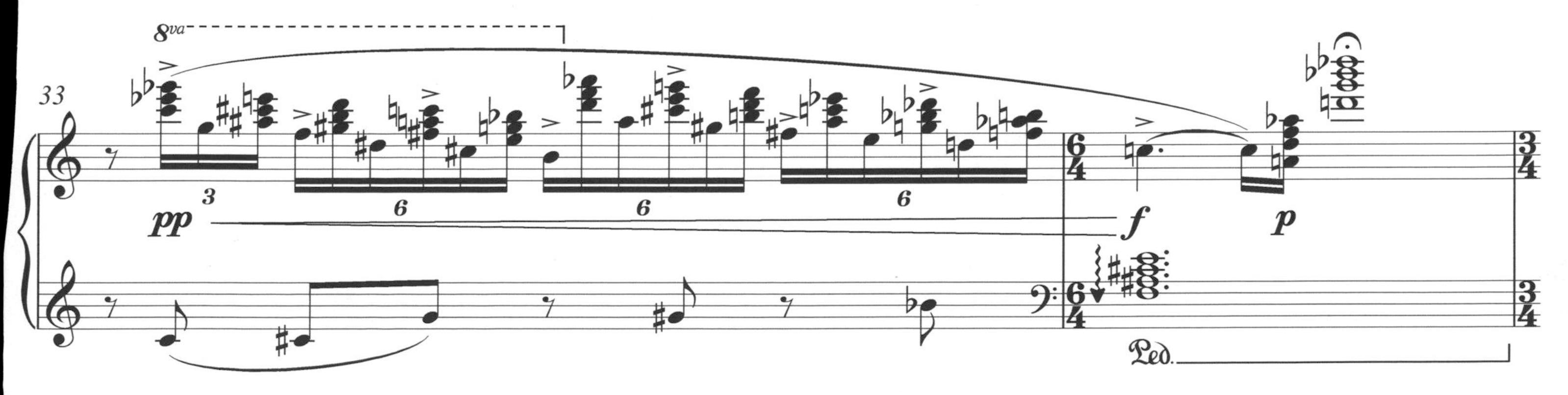
8va
pp
f
p
Ped.

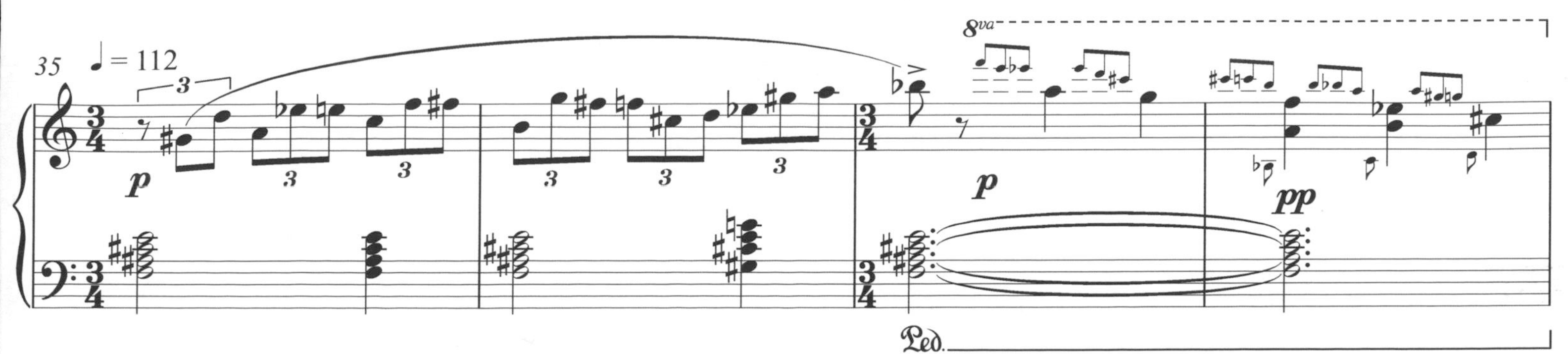
♩ = 112
8va
p
pp
Ped.

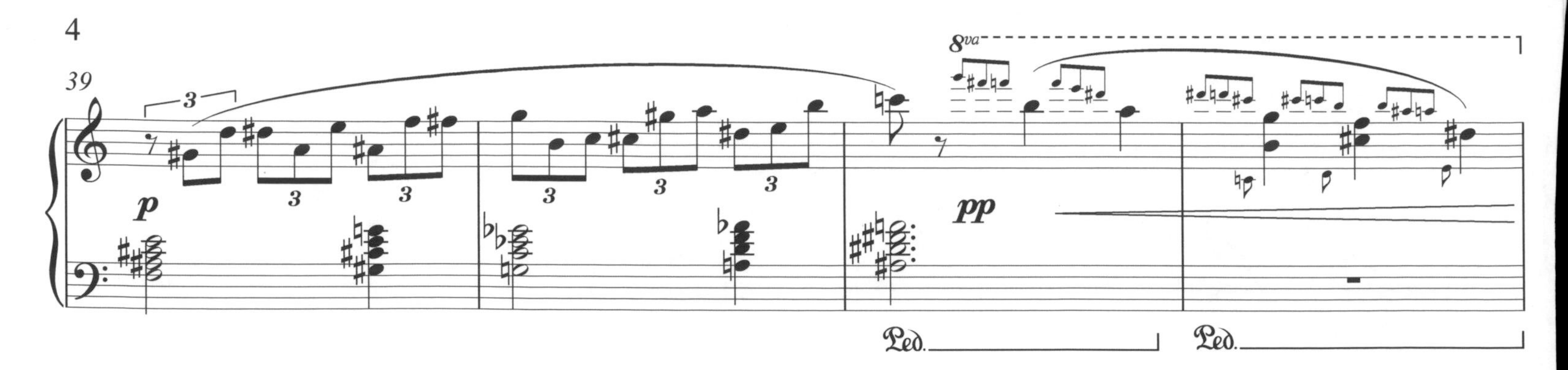
39
8va
p
pp
Ped.
Ped.

♩= 132
poco a poco accel. e cresc.
43
mf
f
Ped.
Ped.
Ped.
Ped.
Ped.
Ped.

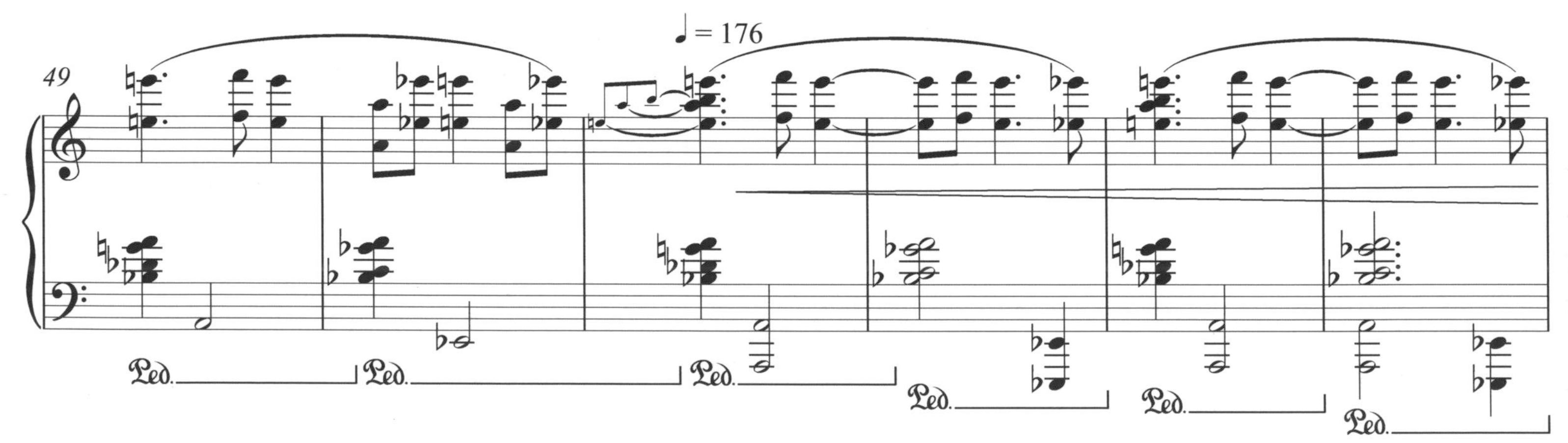
♩= 176
49
Ped.
Ped.
Ped.
Ped.
Ped.
Ped.

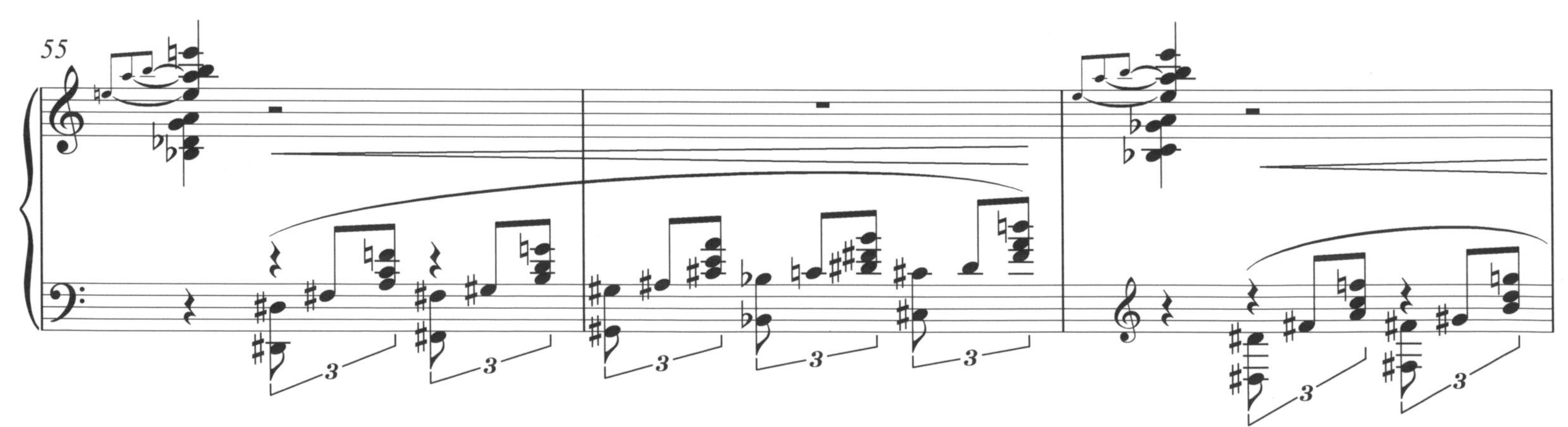
55

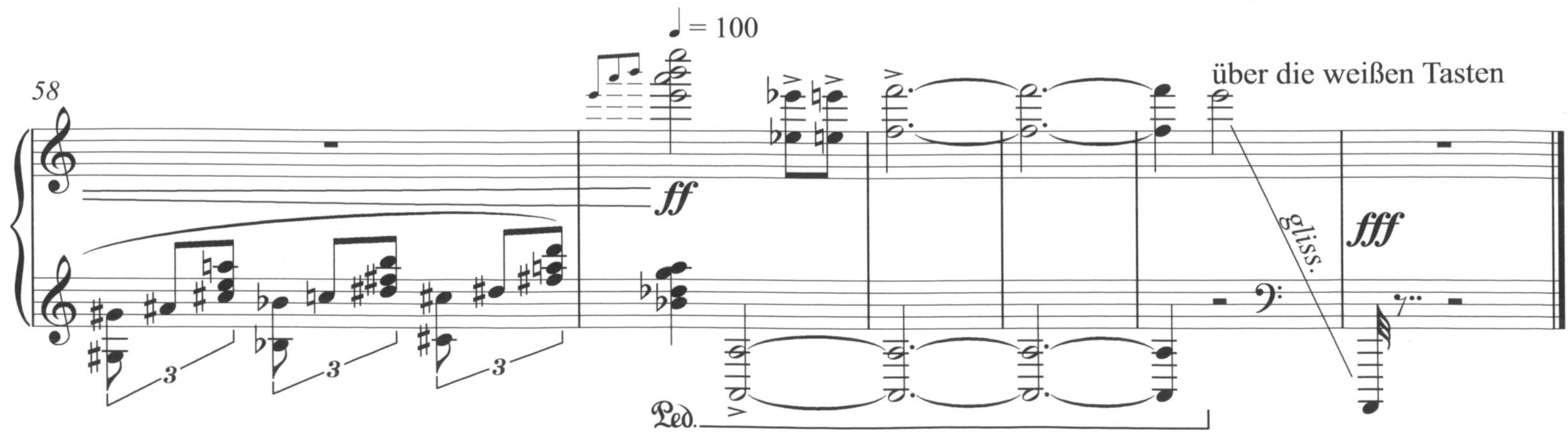
♩= 100
58
über die weißen Tasten
ff
gliss.
fff
Ped.